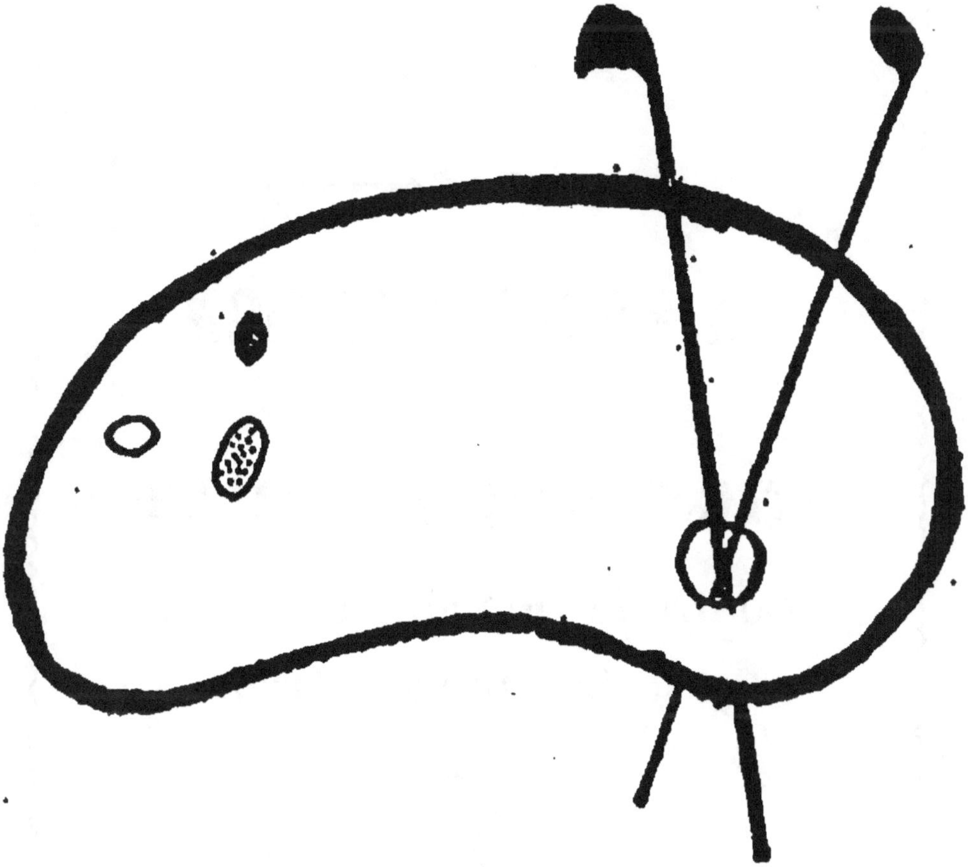

DEBUT D'UNE SERIE DE DOCUMENTS
EN COULEUR

# HISTORIQUE

## DE L'EMPLACEMENT DU MARCHÉ DE KARGUENTAH

### A ORAN

# SA REVENDICATION

## OU

# VINGT ANS DE LUTTE

Contre le Domaine de l'Etat
et la Commune d'Oran

ORAN

IMP. TYPO. ET LITHO. DE A. DUPONT

1888

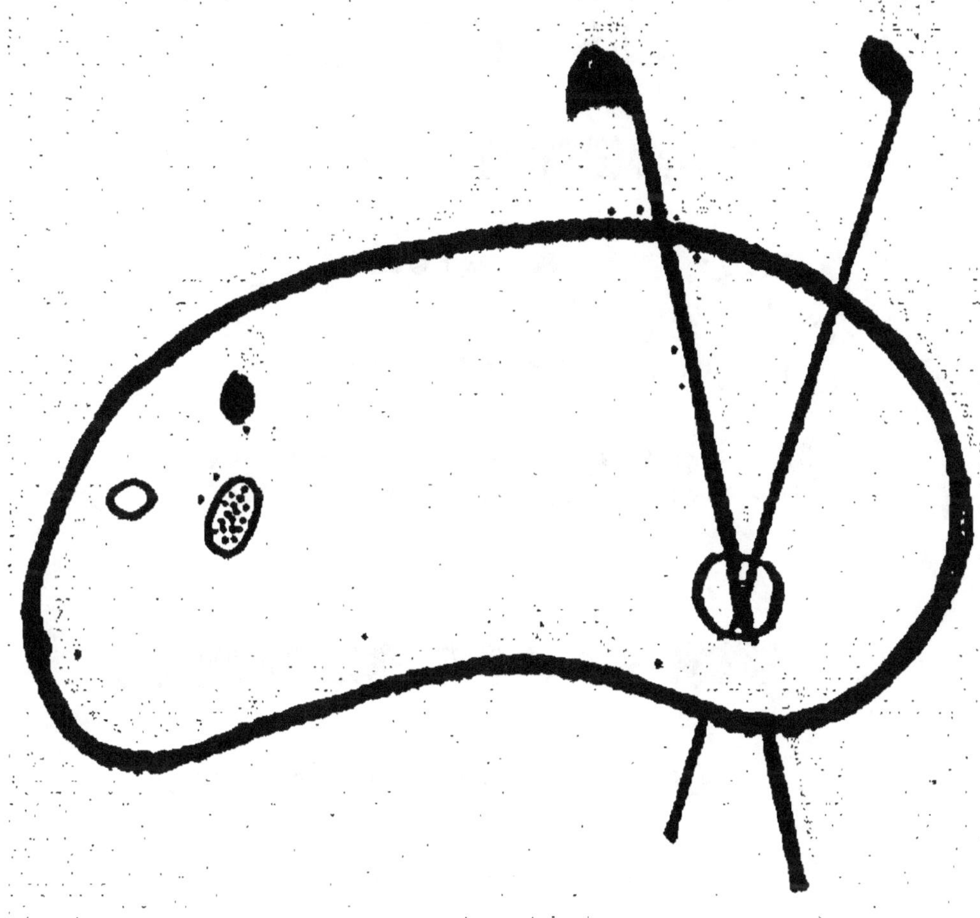

FIN D'UNE SERIE DE DOCUMENTS
EN COULEUR

# HISTORIQUE

## DE L'EMPLACEMENT DU MARCHÉ DE KARGUENTAH,

### A ORAN

---

# SA REVENDICATION

## OU

# VINGT ANS DE LUTTE

### Contre le Domaine de l'Etat

### et la Commune d'Oran

**ORAN**

IMPRIMERIE TYPO. ET LITHO. A. DUPONT.

1888

Oran, le 17 Septembre 1888.

A Monsieur Dupont, directeur du *Courrier d'Oran*.

Mon cher concitoyen,

Dans une de ses dernières séances, notre Conseil municipal à voté un crédit pour la défense de la ville devant la chambre civile de la cour de cassation, contre la revendication par le sieur Bel Kassem ben el Négaïche, du terrain sur lequel rue de l'Evêché, a été construit le marché de Karguentah. Aucune explication n'ayant été fournie au moment du vote, le public qui ignorait que l'emplacement de notre principal marché était contesté est resté quelque peu intrigué et inquiet, celte affaire infaillement grosse d'importance, pouvant devenir désastreuse pour notre budget. Et alors, désireux d'édifier vos concitoyens, vous m'avez demandé s'il me serait possible de vous éclairer sur ce litige qui dépasse en longueur de temps et en péripéties, celui soutenu *pendant seize ans* par feu M. Cély contre l'Etat.

Il se trouve que je puis en effet vous donner et je vais le faire, l'analyse des trois instances auxquelles a donné lieu l'usurpation par l'Etat d'abord, par la ville ensuite, pour l'ouverture de quatre rues et laconstruction du marché, du terrain en question qui est d'une superficie de *quatre mille trois cent cinquante mètres.*

—

## § I

## Titre de la revendication

*Cession par l'Etat à la commune d'Oran*

—

La ville d'Oran, au moment de la conquête était limitée par des remparts datant de l'occupation Espagnole et conservés par la France jusqu'en 1868.

Les jardins et terrains possédés *ut singuli* par les indigènes, près de ces remparts, furent grevés par l'autorité Française dès 1832, en vertu de la loi du 18 juillet 1819, de la servitude *non œdificandi*, ou interdiction de construire, sur une zone de *deux cent cinquante mètres*, ce qui empêcha la ville de s'étendre comme elle en avait pourtant grand besoin.

Une grande partie des immeubles situés extra-muros, surtout ceux non irrigables, se trouvèrent inutilisables jusqu'en la dite année 1868, époque du déclassement et de la démolition des anciennes fortifications reportées sur un autre point.

Mais à ce moment les propriétaires indigènes, que l'état de guerre avait portés à abandonner Oran, ou qui, à défaut de pouvoir utiliser leurs terrains, les avaient délaissés, apprenant que la disparition de la zone de servitude, allait permettre aux constructions de prendre leur essor, exhibèrent des titres de propriété d'une précision et d'une authenticité indiscutables comme ils en ont beaucoup qu'ils conservent soigneusement sous la tente, souvent pendant plus d'un siècle.

L'un de ces titres, signé de trois cadis, (notaires musulmans), et daté d'une époque de l'Hégire correspondant au mois de Mars mil huit cent dix, porte :

« El Hadj Adda ben Amar et son frè-
« re Abd Errahim ont acheté d'Ali ben
« Maklouf, le boustan, (sorte d'enclos
« — complanté d'aloès et de cactus) et
« la parcelle entourée d'aloès, situés à
« Karguentah, aux environs d'Oran,
« ville gardée par Dieu, (qu'il la con-
« serve éternellement au pouvoir des
« musulmans !).

« Le dit boustan, ses appartenances
« et dépendances, tant en terres culti-
« vables qu'incultes, ainsi que la par-
« celle entourée d'aloès, dans laquelle
« il y a deux grottes, sont devenus la
« propriétés des dits acquéreurs.

« Ces lieux sont limités par Bella-
« houel de Tahallaïti, Ali ben Garra-
« che ; le grand chemin et le ruisseau
« où coulent les eaux ; lesquels se
« trouvent en face de la Makam (sta-
« t'on pour la prière), dédiée au
« pieux Sidi Abdelkader ben Djilali. »

On conviendra qu'il serait difficile de

trouver, *même en France*, un titre plus complet que celui ci qui indique *neuf points de repère* servant à constater l'identité de l'immeuble auquel il se rapporte savoir :

1° Un voisin, Bellahouel ;

2° Un autre voisin, Ben Garrache ;

3° Un chemin ;

4° Un ruisseau ;

5° Une parcelle entourée d'aloès ;

6° Deux grottes dans cette parcelle ;

7° Une station pour la prière ;

8° Cette particularité vraie, signalée dans le titre, que le chemin et le ruisseau sont en face de la dite station ;

9° Cette autre particularité *vraie aussi*, que le terrain vendu aux frères Ben Amar par Ali ben Maklouf, était en partie rocheux ; ce qui fait dire dans l'acte d'achat qu'il se composait de parties cultivables et de parties incultes.

Cette circonstance, jointe à l'impossibilité de l'irriguer, (le ruisseau étant trop en contrebas), explique encore l'état d'abandon dans lequel on l'a laissé, tandis que ceux irrigables dans les bas-fonds, comme les jardins Combet et Kanoui, étaient utilisés pendant la servitude, à la culture maraîchère.

Sur le terrain ci-devant décrit, 'a
ville a d'abord ouvert des rues sans
remplir aucune des formalités d'expropriation pour cause d'utilité publi-
que ; puis elle a établi le marché de
Karguentah, sur une parcelle de vingt
ares, trente-trois centiares, que lui a
cédée gratuitement l'Etat, suivant décret du président de la République du
20 septembre 1880.

Mais les agents du domaine crai-
gnant, avec raison, que le terrain cédé
au nom de l'Etat, *ne fut pas à lui*, pri-
rent bien soin de stipu'er que s'il
survenait des réclamations, la commune en ferait son affaire personnelle,
et n'aurait aucun recours à exercer
contre lui.

## § II

### Expertise et enquêtes attestant la situation du terrain des frères Ben Amar.

L'accaparement par le Génie et le
Domaine de l'Etat, souvent à l'aide de
la force armée, en 1868, de tous les
terrains de l'ancienne zone de servi-

tude, et notamment de l'immeuble des frères Ben Amar, ci-devant décrit, situé en partie dans cette zone et sur lequel la ville a ouvert des rues et construit un marché, a donné lieu pour cette immeuble, à trois instances, comme il a été ci-devant dit.

Dans la première que nous appellerons : *instance Kanoui* introduite il y a *dix-huit ans*, trois experts nommés par la Cour d'appel d'Alger, ont déclaré que le titre de 1810 dont la teneur précéde, et avec lequel M. Salomon Kanoui, premier réclama t et se disant acquéreur des héritiers Ben Amar, attaquait le domaine de l'Etat pour une parcelle de trois mille soixante mètres, *comprenait bien l'emplacement que le dit sieur Kanoui revendiquait.*

Une enquête et une contr'enquête ont confirmé les dires des experts.

Néanmoins Kanoui a été débouté de sa revendication par les motifs rappelés ci-après au 5º et au septième paragraphes.

## § III.

**Arrêt qui reconnaît que Kalifa second réclamant, est bien héritier et descendant des deux frères Ben Amar.**

***

Dans le second procès que nous nommerons : *instance Kalifa*, la Cour d'appel d'Alger a reconnu que le dit Kalifa qui revendiquait contre la commune pour une superficie d'environ douze cents mètres, la rue de l'Evêché longeant le marché de Karguentah, était bien l'un des descendants et héritiers des deux frères Ben Amar acquéreurs nommés au dit titre de 1810.

C'est qu'en effet Kalifa *en personne* (car sa comparution devant la justice avait été ordonnée), se présentait en parcourant quatre cents kilomètres, porteur de pièces d'identité à lui délivrées par le bureau arabe de sa circonscription, et d'un acte de notoriété dressé par M⁰ Hunout, notaire à Millanah, le 13 mai 1874, dans lequel interviennent *deux aghas* officiers de la Légion d'honneur, et *un caïd* chevalier du même ordre, qui tous trois affirment que Kalifa et sa tante Mériem, épouse de Ben Négaïche, et mère de Belkassem, l'adversaire actuel de la commune, étaient les seuls descendants et héritiers des dits El Hadj Adda et Abd Errahim ben Amar, et qu'ils avaient toujours prétendu être propriétaires d'immeubles à Oran, du chef de ces derniers.

Aussi la Cour d'appel, dans son arrêt du 2 mai 1876, s'exprime-t-elle ainsi :

« Attendu qu'il suit de l'examen de
« divers documents, que la qualité
« d'héritier invoquée par Kalifa ne peut
« être en l'état de la cause, contestée
« d'une manière utile, *et doit être con-
« sidérée comme suffisamment justi-
« fiée.* »

Dès lors, il n'y a plus de doute à avoir, c'est bien à Kalifa et aux enfants de sa défunte tante Mériem, que revient le bénéfice du titre d'achat de 1810, et l'emplacement auquel il se rapporte.

Néanmoins Kalifa, a été aussi débouté de ses prétentions, par les motifs rappelés ci-après au septième paragraphe.

# § IV.

## Rejet par la Cour d'appel, des moyens de possession et d'expropriation invoqués par l'Etat et la Commune.

L'Etat, puis la Commune, avaient prétendu qu'ils possédaient l'emplacement litigieux depuis plus de trente ans ; que les troupes y avaient manœuvré ; et qu'il se trouvait ainsi ex-proprié de fait.

Or, la Cour d'appel a deux fois déclaré que ni l'Etat, ni la Commune n'avaient occupé le dit emplacement avant 1868, date du décret qui lève la servitude militaire, et que leurs prétentions à une possession trentenaire et à une expropriation de fait prévue par la législation particulière à l'Algérie, *n'étaient pas fondées* (voir les deux arrêts de 1872 et 1876). Dans le second de ces deux arrêts la Cour dit :

« Attendu que si l'Etat et la Com-
« mune sont en ce moment en posses-
« sion du terrain, il résulte de l'en-

« quête qu'il n'est pas démontré que
« la possession effective sur laquelle
« ils s'appuient, remonte à une époque
« telle qu'ils puissent s'en servir pour
« invoquer le bénéfice des lois et or-
« donnances spéciales et les disposi-
« tions de la loi relatives à la prescrip-
» tion.

« Que ces exceptions doivent être
« rejetées ;

« Infirmant le jugement dont est
« appel, *rejette les exceptions proposées*
« *par l'Etat et la Commune.* »

## § V

## Partage. — Troisième instance

Suivant acte du 1er février 1883, dé-
posé le 11 du même mois aux minutes
de Me Pottier, notaire à Oran,

1° Khalifa ;

« Agissant comme héritier tant de
« son père Mohamed ould el Hadjadda
« ben Amar, décédé en 1854, que de sa
« mère Keira bent Kaddour ben Abed
« décédée le 27 avril 1877. »

2° Bel Kassem ben el Ahouel ben Arbi ben El Négaïche ;

3° Et sa sœur Embarka, épouse du sieur Bouzar.

« Agissant, Bel Ahouel et Embarka
« comme représentant leur mère Mé-
« riem bent El Hadj Adda ben Amar,
« épouse de Ben el Négaïche.

Ont procédé au partage des immeubles que possédaient à Oran, au moment de la conquête, leur aïeul El Hadj Adda ben Amar, et leur oncle Abderrahim ben Amar, entr'autres de l'emplacement usurpé par la Commune et dont la principale façade est rue de l'Evêché, aujourd'hui boulevard du 2ᵉ Zouaves

Cet emplacement a été attribué ponr une partie à Kalifa, en représentation de ses droits dans la succession de sa mère Keira qui avait hérité, d'après la loi musulmane, d'un huitième des biens laissés par son dit mari Mohamed Ben el Hadj Adda Ben Amar.

Pour une autre partie, à Embarka ;

Et enfin, pour seize ares ou seize cents mètres à Belkassem.

Ce dernier qui n'avait été en cause dans aucune des deux premières instances, en a introduit une troisième, aussitôt après ce partage, contre la Commune d'Oran, en revendication des seize cents mètres à lui attribués comme il vient d'être dit, dans l'emplacement du marché et des rues avoisinantes.

Le Tribunal d'Oran a décidé le 18 mars 1884, que comme il y avait eu un premier procès, au sujet de cet emplacement, entre l'Etat et le sieur Kanoui, se disant acquéreur des héritiers Ben Amar, il y avait chose jugée contre Belkassem qui était un de ces héritiers.

Et le 27 novembre 1886, la Cour d'appel a ratifié tacitement cette erreur en confirmant le dit jugement et déboutant à son tour Belkassem de sa demande en revendication, par un arrêt de défaut faute de conclure, ne se rappelant sans doute pas que, dans le second procès, celui de Kalifa, elle avait par son arrêt du 2 mai 1876, *dit le contraire*, en statuant comme il suit :

« Attendu que Salomon Kanoui ne
« pouvait être considéré comme le re-
« présentant et l'ayant cause de Kalifa ;
« qu'ainsi ce qui avait été jugé avec
« Kanoui, ne pouvait être accepté

« comme ayant été jugé avec Kalifa ;
« que le jugement dont est appel doit
« être réformé. »

Et en effet, le sieur Kanoui avait
acheté le terrain litigieux, d'un nommé Ben Abed qui s'est dit d'abord tuteur de Kalifa, en vertu d'un testament
daté de 1860, et attribué au père du dit
Kalifa, *mort en 1854*, de façon que le
testament se trouve avoir été fait *six
ans après la mort du testateur !*

Ben Abed, vendeur de Kanoui, se
disait ensuite mandataire de Mériem,
avec une substitution de pouvoirs *signée de son mari qui n'a jamais su ni
écrire ni signer* ; ce qui est certifié par
les deux aghas et le caïd, comparant à
l'acte de notoriété rappelé § 3e.

Kanoui basant son achat sur des
titres faux, n'était donc pas un acquéreur régulier, et à ce point de vue, devait forcément succomber ;

Donc rien de jugé dans l'instance
Kanoui qui puisse porter préjudice,
soit à Kalifa, soit à Belkassem ; *C'est
la Cour elle-même qui le proclame.*

D'ailleurs Belkassem avait une autre
raison de ne pas craindre qu'on lui
opposât utilement ce qui a été jugé dans
l'instance Kanoui, voire même dans

l'Instance Kalifa · car, aux termes de
l'article 883 du code civil, chaque co-
héritier est censé avoir succédé seul,
*et immédiatement*, à tous les biens
compris dans son lot, de façon qu'il
n'a point à se préoccuper des décisions
judiciaires ou des hypothèques déri-
vant d'un autre héritier.

Par conséquent, Belkassem, fils et
héritier de Meriem, est réputé par l'effet du partage du 1er février 1883, et la
fiction de l'article 883 du code civil,
avoir succédé seul et immédiatement
aux seize cents mètres qui lui ont été
abandonnés dans l'immeuble usurpé
par la Commune ; et il était autorisé à
ne tenir aucun compte des litiges aux-
quels cet immeuble a donné lieu.

Il faut en dire autant par les mêmes
raisons, pour sa sœur Embarka,
épouse Bouzar, relativement à la partie qui lui a été attribuée dans ce
même immeuble. Elle a le droit in-
contestable de la revendiquer ; Kalifa aussi pour la sienne parceque,
quand il a plaidé contre la commune
il y a quatorze ans, il agissait *comme
héritier de son père*, tandis que le partage de 1883 lui concède une fraction
de terrain provenant de l'achat de 1810,

pour sa part *dans la succession de sa mère*, décédée il y a sept ans seulement ; alors s'il vient à ester de nouveau en justice pour cette fraction, il n'agira pas dans la même qualité, comme veut qu'on agisse l'article 1351 du code civil, pour qu'on puisse opposer la chose jugée ; et sa demande sera infailliblement accueillie.

## § VI.

### Pourvoi formé par Belkassem contre l'arrêt du 27 novembre 1886. — Admission.

Belkassem ben El Ahouel bel Arbi ben El Négaïche estimant qu'à tort le Tribunal d'Oran et la Cour d'appel d'Alger, lui avaient opposé l'exception tirée de la chose jugée, *rejetée pourtant par la Cour dans l'instance Kalifa,* et alors que sa mère Mériem ni lui n'avaient aliéné leur patrimoine et n'avaient esté en justice au sujet de ce patrimoine, se pourvut en toute confiance, en Cassation contre l'arrêt du 27 novembre 1886.

Et le pourvoi a été admis par arrêt de la Chambre des requêtes du 11 avril mil huit cent quatre-vingt-huit pour violation ou fausse application de l'art. 7 de la loi du 20 avril 1810, et des articles 883, 1317, 1319, 1320, et 1351 du code civil.

Si, comme tout porte à le croire, cet arrêt est confirmé par la Chambre civile devant laquelle M. le Maire d'Oran a été assigné à comparaître, parce qu'il est très vrai que Kanoui n'a jamais été acquéreur régulier des héritiers Ben Amar, ces derniers seront indubitablement rétablis dans l'entière possession de leur immeuble, à moins que la Commune ne leur en paie la valeur et une indemnité pour privation de jouissance depuis vingt ans, car l'usurpation soit par l'Etat, soit par la Commune remonté à 1868, indemnité due aux termes de l'article 549 du code civil, et calculée sur une superficie de 4350 mètres indiquée par les experts comme étant celle de l'immeuble décrit au titre de la revendication.

## § VII

## Erreur commise sur la situation de l'immeuble litigieux.

« Mais, (dira-t-on peut-être), Puis-
« que devant la Cour d'appel les héri-
« tiers ben Amar ont eu gain de cause
« en ce qui touche l'authenticité de leur
« titre, leur qualité d'héritiers des ac-
« quéreurs de 1810, et les exceptions
« de possession et d'expropriation
« invoquées infructueusement par la
« Commune et l'Etat que la Cour a
« ainsi déclaré n'être pas propriétaires
« des terrains litigieux, *pourquoi leur*
« *patrimoine ne leur a-t-il pas été res-*
« *titué ?* »

En voici la raison :

L'arrêt du 2 février 1872 a débouté
Kanoui de sa revendication non seulement parce qu'il n'était pas acquéreur
régulier, ce qui est très vrai et prouvé
au cinquième paragraphe, mais parce
que, est-il dit, c'est à tort que les
experts, que la cour *avait pourtant
nommés elle même*, avaient attesté que
le terrain revendiqué était bien celui
décrit à l'acte d'achat de 1810, sur
lequel était basée la revendication.
La cour contestait notamment le
Confront du Nord-Est, joignant Bélahouel de Tahallaïti, à l'opposé du ruisseau — et elle a statué de même dans

l'instance Kalifa en ce qui concerne la situation de l'immeuble, s'obtinant à nier que *celui* revendiqué fut bien celui du titre produit.

Mais 37 jours après l'arrêt déboutant Kanoui, c'est-à-dire, *le onze mars 1872*, dans un procès Gabay contre l'Etat, pour un terrain provenant d'un sieur Elméki, *la cour place le dit Bélahouel à l'endroit même où il faut qu'il soit pour être voisin, vers le Nord-Est, des héritiers Ben Amar.* Elle fait ainsi elle même l'aveu qu'elle s'est trompée dans les deux premières instances relativement à la situation du terrain des frères Ben Amar, et qu'elle a commis une grande imprudence en statuant, en pareille matière, contrairement à l'avis des experts *qu'elle avait elle-même choisis,* et sans avoir rien vu par elle-même.

Aussi, comme ce sont les mêmes experts qui ont été chargés de retrouver le terrain d'Elméki vendu à Gabay, et celui des frères Ben Amar, ils n'ont pas hésité à donner sur un plan résumant leurs diverses opérations, l'attestation suivante :

« Nous soussignés qui avons pro-
« cédé en qualité d'experts nommés

« par la Cour d'appel d'Alger, à l'ap-
« plication des titres des terrains com-
« pris au présent plan, certifions qu'il
« rend bien la situation de l'immeuble
« Ben Amar bordé par un liseré jaune,
« et des immeubles El Méki, Belhaouel
« et ben Garrache, tels qu'ils ont été
« respectivement placés sur les plans
« à l'appui de nos rapports déposés
« au greffe de la Cour d'appel d'Alger. »

Oran, le 10 août 1874.

*Signé* :

BOUTY, MUGNIER ET VERNIER.

Par l'arrêt Gabay el Méki, du 11
mars 1872, l'erreur commise par la
Cour sur la situation du terrain des
frères ben Amar, se trouve donc ré-
connue et judiciairement réparée, relativement à la jonction de ce terrain
avec Belhaouel de Tahallaïti ; et si on
avait recours à une nouvelle expertise,
on retrouverait encore tous les autres
tenants et aboutissants, toutes les autres preuves d'identité relatés au titre
de 1810, à savoir :

1° Le ruisseau ;

2° Le chemin à l'aide des plans de
tous les services publics ;

3° Le terrain de Ben Garrache passé par Maklouf ben Haïm, Durand et Azoulay, à la famille Manégat qui en a cédé une partie à M. Bernauer, (voir vente par Azoulay à M. Manégat, du 9 février 1856) ;

4° Enfin les traces de la station pour les prières.

Des nombreuses preuves d'identité, il n'y a de disparu, par les travaux de la commune, que le rond d'aloès ; mais des documents authentiques confirment encore l'endroit où il se trouvait (au milieu du marché) et l'existence des deux grottes qu'il renfermait et que le titre de 1810 mentionne.

On ne peut donc plus nier que le terrain revendiqué est bien celui décrit à ce titre de 1810, et les héritiers Ben Amar proclamés *par deux arrêts*, propriétaires indiscutables de ce document, *n'ont plus rien à redouter ;* car je ne crois pas qu'il soit possible d'espérer un seul instant que les tribunaux mieux édifiés ne les réintégreront pas dans leur patrimoine, avec toute l'étendue qui lui assignent et le titre en question, et les éléments péremptoires (expertise et enquêtes), du premier procès, et enfin l'arrêt Gabay Elmeki du 11 mars 1872.

## EPILOGUE et MORALITÉ

En dirigeant ses flottes vers l'Algérie il y a 58 ans, aussi bien pour détruire la piraterie, que pour venger l'insulte faite par le Dey d'Alger à son représentant, la France ne pouvait se dispenser de glisser dans les bagages de son armée le principe de l'inviolabilité de la propriété qu'elle a inscrit dans sa loi civile et au frontispice de toutes ses constitutions.

Aussi la convention intervenue le 5 juillet 1830, enre le Dey et le comte de Bourmont pour établir les conditions de la capitulation de la ville d'Alger, porte-t-elle :

« La liberté des habitants, leur réli-
« gion, *leurs propriétés*, seront res-
« pectées.

Tant s'en est fallu qu'il en ait été ainsi, car des ordonnances, puis de simples arrêtés ministériels sont venus éluder cet engagement en décrétant que le seul fait de l'occupation d'un immeuble sans aucune formalité, équivalait à expropriation, et qu'un délai de *trois mois* était accordé aux propriétaires pour réclamer indemnité ; tant pis s'ils étaient absents ou mineurs, en un mot, dans l'impossibilité légale ou matérielle de réclamer. Après trois mois on leur répondait : *il est trop tard.*

Et que venons-nous de voir à propos des terrains avoisinant les remparts d'Oran ?

L'Etat commence par les grever de la défense de construire et pendant *trente huit ans* il porte ainsi aux propriétaires un tort énorme en restreignant, annullant même leur jouissance. Et quand en 1868, l'intérêt général n'exige plus ce sacrifice, les agents de l'Etat, que la France eut certainement désapprouvés si elle avait été consultée, s'emparent de la propriété elle-même, parce qu'il faut que le budget de la guerre trouve les fonds nécessaires à la construction des nouveaux remparts, et ils usent de violence pour l'accomplissement de leurs vilains desseins ; ils font placer sur les terrains délivrés de la servitude des sentinelles armées ayant ordre d'arrêter tout propriétaire qui se permettrait de vouloir prendre possession de son immeuble ; (voir procès-verbal constatant cette menace d'arrestation, dressé par M⁰ Pernet, huissier à Oran, le 21 janvier 1868). Je n'estime pas à moins de *deux millions de francs*, les terrains ainsi enlevés aux indigènes ; et je puis donner les noms des victimes de la rapacité du *fisc*, la plupart encore vivantes et dans la misère, tandis qu'elles seraient riches si leur patrimoine ne leur avait pas été ravi. Quelle singulière idée ces coupables procédés doivent donner aux indigènes de notre civilisation !

Le Domaine donne d'ailleurs lui même la preuve de ses exactions dans ce fait de la précaution insolite qu'il prend, quand il cède un terrain dans l'intérêt d'un service public, communal ou départemental, de stipuler qu'il ne le garantit pas, *parce qu'il sait qu'il n'est pas à lui*, qu'il ne dépend pas de l'ancien Beylik, qu'il en a dépouillé quelqu'un. C'est qu'en effet les tribunaux ne l'ont jamais déclaré propriétaire des terrains de l'ancienne zone ;

ils se sont contentés de le maintenir dans son indue possession.

Et si la ville d'Oran qui a accepté le bien usurpé, est obligée de le payer comme il est probable, ce sera pour elle beaucoup plus honorable que de continuer de se rendre complice d'un véritable larcin.

Je ne crains pas de vous autoriser, mon cher concitoyen, à rendre public par votre estimable feuille, tout ce que je viens d'avoir l'honneur de vous communiquer parce que je n'ai dit que la plus exacte vérité.

Croyez-moi toujours votre tout dévoué et affectionné.

A. CURTET.

# TABLE
## Chronologique et Analytique

— ◦◦◦ —

### § I.



PAGE

### § II.

*Première instance* contre le domaine de l'État, introduite par le s<sup>r</sup> Salomon Kanoui qui est débouté de sa demande par arrêt du 7 février 1872, d'abord, parce qu'il était acquéreur irrégulier comme ayant acheté le dit Boustan, d'un prétendu mandataire des héritiers ben Amar porteur 1º d'un testament fait *en 1860*, attribué à une personne décédée *en 1854*, qui, par miracle aurait donc exprimé ses dernières volontés *six ans après sa mort* ; 2º et d'une substitution de pouvoirs portant la prétendue signa-

## § V.

PAGE

Partage — *Troisième instance —* jugement du tribunal d'Oran du 18 mars 1884, et arrêt du 27 novembre 1886, qui déboutent Belkassem ben elhaouel bel Arbi ben el Neghaïche de sa demande en revendication, sous le prétexte que l'arrêt rendu contre le sieur Kanoui le 7 février 1872 était opposable au dit Belkassem alors que, dans l'arrêt du 2 mai 1876 concernant Kalifa son cousin germain, et rappelé au § 3°, la Cour statue *tout différemment* en disant que Kanoui ayant été un acquéreur irrégulier, ne pouvait pas être regardé comme un ayant-cause des héritiers ben Amar à qui on ne pouvait, dès lors opposer la chose jugée. . . . . .    13

## § VI

*Pourvoi* par Belkassem contre l'arrêt du 27 novembre 1886, devant la cour de cassation qui, le 18 avril 1888, admet le pourvoi — *assignation* le 2 juin suivant, à M. le Maire d'Oran, de comparaître devant la Chambre Civile de la cour suprême pour entendre confirmer l'admission du pourvoi, casser l'arrêt du 27 novembre 1886, et renvoyer la cause devant une autre cour d'appel . . . .    18

## § VII

Analyse d'un arrêt du 11 mars 1872 rendu au sujet d'un terrain El Meki vendu au sieur Gabay, et joignant Belahouel de Tahallaïl voisin aussi

## Epilogue et Moralité

ORAN

IMP. TYPO. ET LITHO. DE A. DUPONT

1888

73

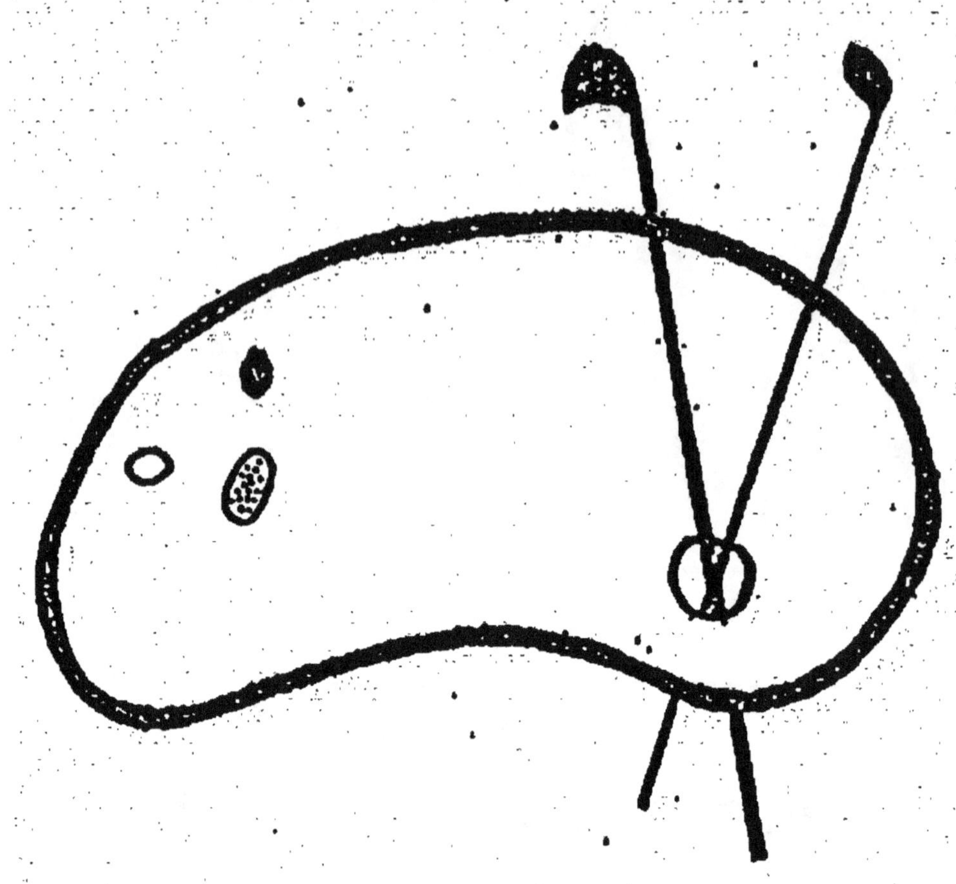